J'expérimente!

Textes : **Sarah Perreault**
Illustrations : **Jacques Goldstyn**
Photos : **Marcel La Haye**

Les explorateurs

Catalogage avant publication de Bibliothèque et Archives nationales
du Québec et Bibliothèque et Archives Canada

Perreault, Sarah, 1965-

Expérimente!: découvre la science en t'amusant!:
21 expériences excitantes!

«Les explorateurs».
Pour les jeunes de 6 à 10 ans.

ISBN 978-2-89579-351-9

1. Chimie - Expériences - Ouvrages pour la jeunesse.
2. Sciences - Expériences - Ouvrages pour la jeunesse. I. Titre.

QD38.P47 2010   j540.78   C2010-941176-5

Dépôt légal –
Bibliothèque et Archives nationales du Québec, 2010
Bibliothèque et Archives Canada, 2010

Nous reconnaissons l'aide financière du gouvernement du Canada
par l'entremise du Programme d'aide au développement de
l'industrie de l'édition (PADIÉ) pour nos activités d'édition.

Conseil des Arts   Canada Council
du Canada   for the Arts

Bayard Canada Livres inc. remercie le Conseil des Arts du Canada
du soutien accordé à son programme d'édition dans le cadre du
Programme des subventions globales aux éditeurs.

Réalisation des expériences: Sarah Perreault
Illustrations: Jacques Goldstyn
Photos: Marcel La Haye
Conception graphique: Nadine Gagnon, Barbara Lapointe
Révision des textes: Hélène Veilleux
Direction, collection Les Débrouillards: Félix Maltais
Direction, Groupe d'édition et de presse, Bayard Canada:
Jean-François Bouchard

Note
Les expériences, pour la plupart, sont des versions des expériences
des Débrouillards adaptées pour les 6-10 ans. Elles ont été publiées
dans le magazine *Les Explorateurs* entre 2004 et 2010.
Pour découvrir d'autres expériences des Explorateurs, consultez
le magazine *Les Explorateurs* ou le site lesexplos.com.

© Bayard Canada Livres inc., 2010
4475, rue Frontenac
Montréal (Québec)
Canada H2H 2S2
Téléphone: 514 844-2111 ou 1 866 844-2111
Télécopieur: 514 278-0072
Courriel: edition@bayardcanada.com
Site Web: bayardlivres.ca

Imprimé au Canada

Fleur, ouvre-toi !

Peux-tu faire ouvrir une fleur de papier sans y toucher ?

4

- un crayon
- une feuille de papier
- des ciseaux
- un bol d'eau

Tu trouveras un modèle de fleur à découper ou à calquer à la page 45. Ou suis les étapes suivantes.

1 Dessine un pentagone sur la feuille. Puis, trace cinq pétales pour obtenir une fleur (comme sur l'illustration).

2 Découpe ta fleur et replie les pétales vers le centre, tel qu'indiqué.

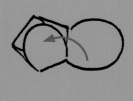

3 Quand la fleur est bien « fermée », dépose-la à la surface de l'eau. Tranquillement, les pétales se déploient.

QUE se Passe-t-il?

Le papier est fait de minuscules fibres de bois. Quand l'eau pénètre dans le papier, les fibres se gonflent. En se gonflant, les fibres qui se trouvent dans les plis se redressent et forcent les pétales à se déplier.

Le sais-tu?

C'est en augmentant la quantité d'eau dans des cellules spéciales situées à la base de ses pétales qu'une fleur s'ouvre.

Exploratrice : Camille Denis

5

Transforme un CD en aéroglisseur e
fais-le glisser
sur l'air !

Le mini aéroglisseur

Explorateur : Émile Diar

il te faut :

- 👋 une petite bouteille d'eau en plastique (vide)
- 👋 de la colle blanche (ou colle caoutchouc)
- 👋 un CD qui ne sert plus
- 👋 un ballon gonflable

1. Demande à un adulte de couper le haut de la bouteille avec un couteau.

2. Colle le haut de la bouteille sur le CD. Mets assez de colle pour que le joint soit bien scellé. Laisse sécher le tout pendant au moins une heure.

3. Dépose le CD sur une surface lisse. Gonfle le ballon au maximum et pince l'embouchure (ou tourne le bout du ballon pour empêcher l'air de sortir).

4. Tout en maintenant l'embouchure fermée, place le ballon sur l'extrémité du goulot de la bouteille. C'est fait? Relâche le tout! Si ça n'avance pas, donne une petite poussée au CD.

QUE SE PASSE-T-IL?

L'air qui s'échappe du ballon soulève le CD. Il se forme donc un très mince coussin d'air sous le CD. Cet air sort au fur et à mesure sur les côtés du CD.

Le sais-tu?

Dans un aéroglisseur, de puissants ventilateurs soufflent en permanence de l'air sous la coque qui est entourée d'une jupe. Comme il flotte sur l'air, l'aéroglisseur peut se déplacer sur l'eau, la terre ou la glace.

Le volcan sous-marin

**Déclenche
une éruption...
Dans un verre
d'eau !**

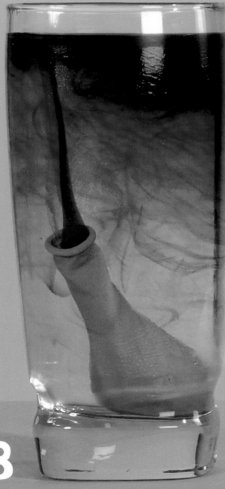

il te faut :

- 👋 un verre transparent assez haut
- 👋 trois billes de verre (ou cinq sous noirs)
- 👋 du colorant alimentaire
- 👋 de l'eau très froide (du frigo)
- 👋 une pince à linge
- 👋 un petit ballon gonflable

1 Remplis le verre d'eau très froide, jusqu'à environ 2 cm du bord.

2 Mets les billes dans le ballon (ce poids sert à faire couler le ballon). Puis, ajoute trois gouttes de colorant.

3 Fais couler l'eau du robinet jusqu'à ce qu'elle soit très chaude. Réduis le débit pour ne faire couler qu'un filet d'eau. Remplis le ballon d'eau chaude jusqu'au bord. Ferme ensuite l'ouverture avec la pince à linge.

4 Dépose doucement le ballon dans le verre d'eau froide et retire la pince à linge. Qu'observes-tu ?

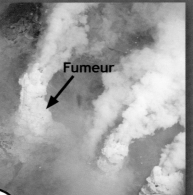

Fumeur

Le sais-tu ?

Au fond des océans, à plus de 2 000 mètres de profondeur, il y a des sortes de cheminées d'où sort une eau très chaude et riche en éléments chimiques. Cette eau atteint parfois 400 °C ! On appelle ces cheminées des fumeurs.

Que se Passe-t-il ?

Au début, l'eau dans le verre pousse sur le ballon. C'est pourquoi, en enlevant la pince, un peu d'eau sort immédiatement du ballon. Puis, on ne voit qu'un filet d'eau colorée qui monte dans le verre. Le filet d'eau est dû à la différence de température entre l'eau du ballon et celle du verre. Comme l'eau chaude est plus légère que l'eau froide, elle a tendance à sortir du ballon et à monter.

ploratrice : Mariska Lavoie

Concerto Pour

Fais sonner
un cintre comme
une cloche.

10

Deux Doigts

il te faut :

- un cintre
- une ficelle d'environ un mètre de long
- une cuillère de métal

1 Plie la ficelle en deux.

2 Attache le centre de la ficelle au cintre comme sur le dessin.

3 Enroule chaque bout de la ficelle autour d'un index. Fais trois ou quatre tours.

4 Demande à un ami de frapper sur le cintre avec la cuillère de métal. Entends-tu le son?

5 Maintenant, mets chaque index dans une oreille. Puis, demande à nouveau à ton ami de frapper sur le cintre avec la cuillère. Le son est-il différent?

Le sais-tu?

Pour entendre un son, il faut que celui-ci puisse voyager dans l'air, l'eau ou un solide. Comme dans l'espace il n'y a pas d'air (c'est le vide), on n'entend aucun son.

Que se passe-t-il?

En frappant sur le cintre avec la cuillère, le cintre vibre. Cela produit un son. La première fois, tu as entendu le son qui a voyagé dans l'air puis est entré dans tes oreilles. La deuxième fois, ce son s'est plutôt propagé dans la ficelle et dans tes doigts. Or, parce que le son voyage mieux dans un solide (comme la ficelle et tes doigts) que dans l'air, tu l'entends beaucoup plus fort.

Explorateurs : Victor S.-Christin et François Pepin

DES BULLES géantes!

Comment souffler de grosses Bulles?

il te faut :

👋 un entonnoir

👋 du savon à bulles

👋 un bol un peu plus grand que l'entonnoir

1 Verse du savon à bulles dans le bol.

2 Trempe l'ouverture de l'entonnoir dans le savon et retire-la doucement. Une pellicule de savon recouvre-t-elle l'ouverture? Si oui, passe à l'étape suivante. Si non, recommence.

3 Souffle dans l'entonnoir. Une bulle se forme. Lorsqu'elle est suffisamment grosse, cesse de souffler et bouche le bout de l'entonnoir avec ton index.

4 Maintenant, amuse-toi à bouger l'entonnoir pour faire s'étirer la bulle. Observe ensuite la bulle jusqu'à son éclatement. Du liquide tombe-t-il de la bulle? Les couleurs varient-elles?

Que se passe-t-il?

La paroi d'une bulle de savon ressemble à un sandwich : elle est formée d'une couche d'eau coincée entre deux couches de savon. À cause de la gravité, l'eau qui est entre les couches de savon s'écoule vers le bas de la bulle et tombe. Il y a donc de moins en moins d'eau dans le sandwich. La paroi de la bulle s'amincit, s'amincit puis, POP! ça éclate!

EAU

SAVON

SAVON

Et les couleurs de la bulle? Elles varient selon l'épaisseur de la paroi de la bulle. Ces couleurs sont créées par la lumière qui frappe l'intérieur et l'extérieur de la bulle.

13

Le Clown acroBate

Tenir en équiliBre sur un fil, c'est facile !

Exploratrice : Olivia St-Jacques

il te faut :

- ✋ deux boules de styromousse
- ✋ un cure-dents
- ✋ une baguette à brochette
- ✋ deux fourchettes
- ✋ une ficelle de 40 cm de long
- ✋ cure-pipes, crayons-feutres, bouts de laine, punaises.

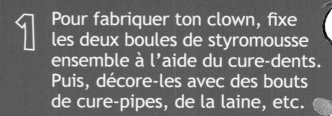

1 Pour fabriquer ton clown, fixe les deux boules de styromousse ensemble à l'aide du cure-dents. Puis, décore-les avec des bouts de cure-pipes, de la laine, etc.

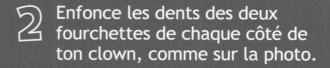

2 Enfonce les dents des deux fourchettes de chaque côté de ton clown, comme sur la photo.

3 Demande à un adulte de couper la baguette à brochette à environ 4 cm de l'extrémité pointue. Pique ce morceau de baguette sous ton clown.

4 Pose ton clown sur le bout d'un doigt. Tient-il en équilibre? Si oui, passe à l'étape 5. Si non, enlève les fourchettes et pique-les à nouveau dans la boule en les inclinant un peu plus vers le bas.

5 Demande à un assistant de tenir la ficelle bien tendue. Puis, déposes-y doucement ton clown.

Tu peux remplacer les boules de styromousse par un bouchon de liège. Demande l'aide d'un adulte pour enfoncer les fourchettes dans le bouchon.

Que se passe-t-il?

Sans les fourchettes, ton clown tient difficilement en équilibre. Fais le test : retire les fourchettes et essaie de le faire tenir sur le bout de ton doigt. C'est impossible! En utilisant les fourchettes, tu modifies la forme de ton montage et tu lui ajoutes du poids dans le bas. Cela a pour effet de rendre ton clown très stable. Une autre façon de rendre un objet plus stable est d'élargir sa base.

15

Le secret est Dans le Citron

Étonne tes amis avec une encre invisible... au citron!

il te faut :

✋ une feuille blanche

✋ un citron
(ou du vinaigre)

✋ un petit bol

✋ un cure-dents
(ou un bout de
baguette en bois)

1 Presse un peu de jus de citron dans le bol.

2 Plonge le bout carré du cure-dents dans le jus de citron et écris ou dessine un message sur la feuille blanche. Fais attention à ne pas percer la feuille !

3 Laisse sécher la feuille. Le message deviendra invisible.

4 Demande à un adulte de mettre la feuille au four (sur une plaque ou du papier d'aluminium) pendant une ou deux* minutes, à 350 °F (177 °C). Ton message apparaîtra... comme par magie !

* Le temps peut varier selon le type de papier utilisé.

Bricole une invitation spéciale !

Utilise cette technique pour faire de jolies invitations pour ton anniversaire.

En laissant le papier un peu plus longtemps dans le four, il brunira et aura l'air d'un parchemin. Déchire le bord et ajoute un sceau.

Pour faire le sceau, utilise de la cire de fromage Babybel.

Je t'invite pour ma Fête !

Que se passe-t-il ?

L'acide contenu dans le jus de citron réagit avec le papier. Conséquence : la température à laquelle le papier commence à brûler est plus basse dans les zones traitées au jus de citron qu'ailleurs. C'est pourquoi ces zones brunissent plus rapidement, ce qui fait apparaître le message.

17

Exploratrice : Annabelle Roger

Les céréales Dansantes

Utilise le son pour faire sauter des céréales.

il te faut :

- un bol ou une boîte en métal
- des céréales légères (riz soufflé) ou des décorations à gâteau
- de la pellicule plastique
- un couvercle de boîte à chaussures (en carton)
- une cuillère en bois

1. Installe un morceau de pellicule plastique sur le bol ou la boîte en métal. Tends-le bien.

2. Dépose des céréales (ou des décorations à gâteau) sur la pellicule plastique.

3. Tiens la cuillère en bois d'une main et de l'autre, le couvercle de boîte à chaussures.

4. Avec la cuillère en bois, frappe sur le couvercle de boîte à chaussures, en le tenant près de la pellicule plastique. Frappe fort !

que se passe-t-il ?

En frappant avec la cuillère en bois, tu fais vibrer le couvercle en carton. En se mettant à vibrer, le carton fait vibrer l'air qui l'entoure, qui fait ensuite vibrer la pellicule plastique. Ces petits mouvements rapides de la pellicule font sauter les céréales ou les décorations à gâteau.

Le sais-tu ?

Tympan

Tous les sons sont produits par des vibrations. Ces vibrations produisent des ondes sonores qui se déplacent dans l'air. En pénétrant au creux de tes oreilles, les ondes sonores font vibrer le tympan, une membrane de peau tendue comme un tambour. Tes oreilles envoient alors un message à ton cerveau, et tu entends des sons.

Exploratrice : Emma Van Strydonck

SUPER STROBOSCOPE

Avec un stroboscope, tout bouge bizarrement. Essaie et tu verras!

Amuse—toi aussi à regarder un ventilateur en marche, la télé ou des voitures en mouvement.

Explorateurs: Elsa Parent-Montpetit et Isandre Rwaka D'Etcherry

Pour faire ton stroboscope, découpe le modèle à la page 47, ou suis les étapes suivantes.

il te faut :

- du carton noir
- un crayon à mine
- une punaise
- des ciseaux
- de la colle en bâton

1 Sur le carton noir, trace un cercle d'environ 20 cm de diamètre. Au besoin, sers-toi d'une assiette.

2 Fais un point au centre du cercle et trace une croix qui passe par ce centre.

3 Demande à un adulte de tailler des encoches d'environ 4 cm de long sur 0,5 cm de large au bout de chaque branche de la croix.

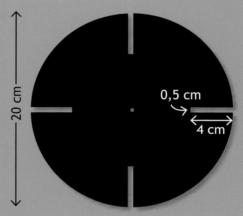

20 cm

0,5 cm

4 cm

4 Avec la punaise, pique le cercle sur la gomme à effacer du crayon à mine. Ton stroboscope est prêt.

5 Place ton stroboscope devant tes yeux. Avec ta main, fais-le tourner (pas trop vite !) tout en regardant par les fentes une personne qui bouge. Son mouvement te paraît-il saccadé ou au ralenti ?

que se passe-t-il ?

Lorsqu'une fente passe devant tes yeux, l'image s'imprime sur la rétine au fond de ton œil. Avant que la fente suivante arrive, la personne (ou l'objet) continue de bouger. Tu vois donc seulement des parties du mouvement. C'est pour ça qu'il te paraît saccadé.

Dessine sur du lait

Joue à l'artiste scientifique et crée de jolis motifs sur du lait.

il te faut :

- 👋 une assiette à tarte
- 👋 du lait (2 % ou 3,25 %)
- 👋 une baguette de bois
- 👋 du colorant alimentaire
- 👋 du savon liquide

1 Verse du lait dans l'assiette à tarte.

2 Dépose sur le lait une dizaine de gouttes de colorant alimentaire. Choisis deux ou trois couleurs.

3 Avec la pointe de la baguette de bois, trace doucement des cercles à la surface du lait pour créer de jolis motifs.

4 Maintenant, trempe le bout de la baguette dans le savon liquide. Puis, touche la surface du lait. Aussitôt, la couleur se disperse en s'éloignant de la baguette.

Lorsque le mouvement s'arrête, touche à nouveau la surface du lait avec la baguette.

que se passe-t-il?

Le lait est constitué d'eau, de gras et de protéines. À cause du gras et des protéines, le colorant ne se mélange pas facilement au lait (à moins que tu agites le tout). Voilà pourquoi tu peux faire ces jolis motifs. Crois-tu que cela fonctionnerait si tu remplaçais le lait par de l'eau? Essaie-le!

Pourquoi le colorant bouge-t-il lorsqu'on touche la surface du lait avec le savon? L'eau forme une sorte de membrane tendue à la surface du lait. Avec le savon, tu «transperces» cette membrane. C'est comme si tu créais un petit trou qui s'agrandit et fait bouger le colorant.

Drôle de regard

Découvre une
façon amusante
de voir les choses.

il te faut :

🖐 un pot transparent de forme cylindrique (en verre ou en plastique)

🖐 le couvercle du pot

🖐 un verre

🖐 de l'eau

1 Remplis le pot avec de l'eau. Lorsque le pot est plein, dépose-le dans l'évier.

2 À l'aide du verre, ajoute encore de l'eau. Vas-y doucement ! Lorsque l'eau commence à déborder du pot, arrête de verser.

3 Ferme le pot avec le couvercle. Attention ! ne fais pas trop sortir d'eau du pot. Sinon, il y aura une bulle d'air à l'intérieur. Assure-toi que le couvercle est bien vissé et qu'il est bien étanche. Ton pot-loupe est prêt !

Joue avec ton pot-loupe !

Le poisson élastique

Regarde ce poisson en tenant ton pot à l'horizontale, puis à la verticale. La taille du poisson change-t-elle ?

Les mini mots

En regardant à travers le pot, lis ce qui est écrit ci-dessous. Pour ce faire, tiens ton pot à l'horizontale. Puis, approche-le de la page jusqu'à ce que tu voies clairement les lettres.

En avril, ne te
découvre pas d'un fil
mais surveille bien ton
dos, car un poisson
pourrait y faire dodo !

Le sourire inversé

Approche ton pot très près de ce dessin puis éloigne-le doucement. L'image s'inverse-t-elle ?

Que se passe-t-il ?

Tu vois les objets parce que les rayons de lumière provenant de ces objets pénètrent dans ton œil et touchent la rétine située au fond. Plus la surface de rétine touchée par les rayons est grande, plus un objet te paraît gros.

Ton pot agit comme une loupe, car il augmente la surface de rétine que frappent les rayons provenant d'un objet. Cela est dû à la forme arrondie du pot, qui modifie le trajet des rayons.

Si ton pot te fait voir les objets déformés ou à l'envers, c'est aussi parce qu'il modifie le trajet des rayons provenant de ces objets.

Rétine

Explorateur : Victor S.-Christin

Fais tomBer De la Pluie

Pas Besoin
De Danser
Pour faire
tomBer De
la Pluie !

il te faut :

- 🖐 un bol
- 🖐 une assiette en aluminium
- 🖐 de la glace
- 🖐 de l'eau très chaude (mais pas bouillante)

1 Verse de l'eau très chaude dans le bol. Ne le remplis pas jusqu'au bord.

2 Dépose l'assiette d'aluminium sur le dessus du bol. Assure-toi que le dessous de l'assiette ne touche pas à l'eau.

Glace

Bol d'eau chaude

3 Ajoute de la glace sur l'assiette et attends environ cinq minutes. Puis, soulève l'assiette et regarde en dessous. Que vois-tu?

Que se passe-t-il?

L'eau qui est à la surface du bol s'évapore : elle devient de la vapeur d'eau. Lorsque cette vapeur d'eau entre en contact avec l'assiette, qui est froide, elle se condense et forme de minuscules gouttelettes. Les gouttelettes se réunissent ensuite et forment de plus grosses gouttes. Ces gouttes tombent lorsqu'elles sont trop lourdes.

Le sais-tu?

L'air contient de la vapeur d'eau qui provient des lacs et des océans. Au contact de l'air froid, cette vapeur d'eau se condense et forme de minuscules gouttelettes qui flottent. Ce sont les nuages. Lorsque les gouttelettes des nuages grossissent et deviennent trop lourdes, il pleut ou il neige !

Exploratrice : Geneviève Brien

FaBrique un thermomètre !

À quoi sert le liquide rouge Dans un thermomètre ?

il te faut :

- ✋ une boîte de pellicule photo (ou un contenant à pilules) et son couvercle
- ✋ une paille de petit diamètre
- ✋ de la pâte à modeler
- ✋ de l'eau dans une tasse à mesurer
- ✋ du colorant alimentaire (rouge, bleu ou vert)
- ✋ un clou
- ✋ la bande décorative (voir page 47)

1 Demande à un adulte de faire un trou avec le clou au centre du couvercle de la boîte de pellicule photo.

2 Insère la paille dans le trou jusqu'au fond de la boîte. Mets de la pâte à modeler autour de la paille pour sceller l'ouverture (tu peux aussi mettre de la colle caoutchouc). Laisse bien sécher.

3 Verse deux ou trois gouttes de colorant dans l'eau. Puis, remplis la boîte à ras bord avec cette eau colorée et referme le couvercle. L'eau doit monter dans la paille.

4 Découpe le contour de la bande décorative ainsi que les deux traits pointillés. Fais glisser la bande sur la paille, comme sur ce dessin. Ton thermomètre est prêt !

EXPérimente !

Note où se trouve l'eau dans la paille. Puis, place ton thermomètre sur une surface chaude, comme un calorifère. Que remarques-tu lorsque l'eau se réchauffe? Mets ensuite ton thermomètre sur de la glace ou au congélateur une trentaine de minutes. Qu'observes-tu?

Que se Passe-t-il?

Sous l'effet de la chaleur, l'eau prend plus de place (elle se dilate) et monte dans la paille. En refroidissant, elle prend moins de place et elle descend. La même chose se produit dans les véritables thermomètres. Le liquide rouge ou bleu qu'on y retrouve est de l'alcool coloré et non de l'eau.

Expérience adaptée de Youpi

Exploratrice : Justine Chan

29

Mesure la Pluie

Est-il tombé
beaucoup de pluie
ou juste un peu?
Pour le savoir,
fabrique un
pluviomètre!

il te faut :

- 👋 une bouteille en plastique transparent de 1,5 litre
- 👋 des ciseaux
- 👋 du ruban adhésif opaque
- 👋 deux bâtons de popsicle ou deux baguettes en bois
- 👋 une règle

1 Demande à un adulte de couper la bouteille à environ 10 cm du goulot et de découper une petite « porte » comme sur la photo.

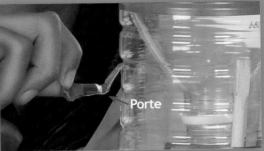

Porte

2 Enfonce la partie du haut de la bouteille sur la partie du bas. Colle les deux parties ensemble avec du ruban adhésif opaque.

3 À l'aide du ruban, fixe les deux bâtons de chaque côté de la bouteille.

4 Dépose ton pluviomètre dehors dans un endroit dégagé (pas sous un arbre). Enfonce les bâtons dans le sol afin de le maintenir en place.

5 Chaque jour, mesure avec la règle le nombre de millimètres d'eau dans la bouteille. Inscris tes mesures dans un petit carnet. Après chaque mesure, vide l'eau par la petite porte.

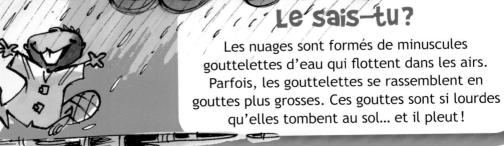

Le sais-tu ?

Les nuages sont formés de minuscules gouttelettes d'eau qui flottent dans les airs. Parfois, les gouttelettes se rassemblent en gouttes plus grosses. Ces gouttes sont si lourdes qu'elles tombent au sol... et il pleut !

31

Explorateur : Isandre Rwaka D'Etcherry

ouvre l'œil !

TU VEUX OBSERVER la nature DE PRÈS ? VOICI CE QU'IL TE FAUT : une louPE D'eau !

Place ta loupe près de l'objet que tu veux observer. Ne colle pa ton œil dessus. L'imag est floue ? Approche o recule doucement la loupe.

il te faut :

- 🖐 un petit contenant de plastique vide et son couvercle
- 🖐 un couteau tranchant
- 🖐 de la pellicule plastique («Saran»)
- 🖐 des ciseaux
- 🖐 un élastique
- 🖐 de l'eau

1 Demande à un adulte de retirer le fond du contenant de plastique en le coupant à l'aide du couteau. Il faut aussi découper un cercle dans le couvercle, à environ 1 cm du bord.

2 Découpe un carré de pellicule plastique et dépose-le sur le dessus du contenant. Tends la pellicule et fais-la tenir en place avec un élastique. Dépose ton contenant sur un linge absorbant pour éviter les dégâts. Avec ton pouce, appuie doucement sur la pellicule tendue afin de faire un petit creux.

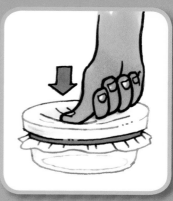

3 Verse de l'eau sur la pellicule pour qu'il y en ait sur toute la surface. Découpe un autre carré de pellicule plastique et dépose-le sur l'autre pellicule remplie d'eau. Tends-le un peu. Maintenant, mets le couvercle (percé) en place.

Voilà ! Ta loupe est prête !

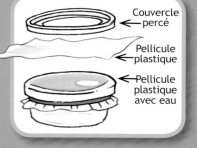

Couvercle percé

Pellicule plastique

Pellicule plastique avec eau

Que se passe-t-il?

Tu as fabriqué un objet qui grossit les images, car tu as utilisé quelque chose de transparent, qui est différent de l'air : l'eau et le plastique. En plus, les surfaces sont bombées. À cause de cela, les rayons lumineux sont déviés en traversant l'eau et le plastique. Cela grossit ce que tu regardes. Plus ta loupe d'eau est bombée, plus elle grossit les objets.

Exploratrice : Catherine Lafrance

Le parcours impossible !

Est-ce facile de suivre un tracé sur une feuille en regardant dans un miroir ?

il te faut :

- 👋 un grand miroir
- 👋 un grand carton
- 👋 une feuille blanche
- 👋 deux crayons de couleurs différentes
- 👋 du ruban adhésif

1 Sur la feuille blanche, dessine un parcours sinueux.

2 Pose le miroir contre un mur et assure-toi qu'il reste bien à la verticale.

3 Dépose le dessin de ton parcours sur la table, devant le miroir. Fixe-le avec du ruban adhésif.

4 Maintenant, tu dois suivre le parcours avec un crayon en regardant seulement dans le miroir, pas sur la table. Pour cela, sers-toi du carton pour cacher ta main.

Est-ce facile de suivre le parcours?

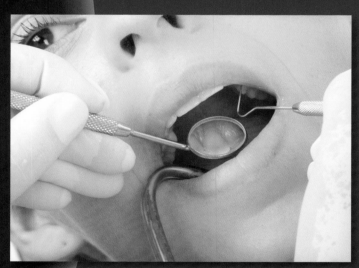

Le sais-tu?

Lorsque le dentiste regarde dans ta bouche avec son petit miroir, il voit ses gestes inversés, comme dans notre expérience.

Que se passe-t-il?

Lorsque tu avances ton crayon sur la feuille, dans le miroir c'est l'inverse : tu vois venir le crayon vers toi. Et lorsque tu ramènes le crayon vers toi, eh bien, dans le miroir, il s'éloigne de toi. Cela déroute ton cerveau qui n'arrive plus à bien commander ta main afin de lui faire suivre correctement le tracé. Avec de la pratique, ton cerveau finirait par s'habituer et tu réussirais à suivre le parcours facilement.

2/10

Prêt Pour le Décollage?

Voici un modèle d'avion en papier facile à réaliser et très performant !

il te faut :

- deux feuilles de papier (format « lettre »)
- du ruban adhésif

Fabrique d'abord le fuselage :

1 Plie une feuille de papier en deux, pour en marquer son centre. Puis déplie-la.

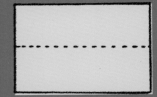

2 Plie les coins du haut jusqu'au pli central.

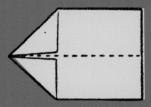

3 Plie de nouveau chaque côté jusqu'au pli central.

4 Plie la feuille en deux pour que les rabats soient à l'intérieur.

5 Replie chaque côté vers l'extérieur jusqu'au pli central.

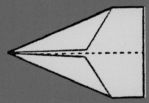

Fabrique ensuite l'aile :

6 Avec l'autre feuille de papier, reprends les trois premières étapes de la fabrication du fuselage. Glisse ensuite le fuselage sous l'aile et fixe le tout avec du ruban adhésif.

EXPérimente !

Teste ton avion en papier en faisant les modifications suivantes :

•

Replie la bordure des ailes pour créer des ailerons. La présence d'ailerons et leur orientation (vers le haut, vers le bas) affectent-elles le vol de l'avion ?

Ajoute un trombone à papier sur le fuselage de façon à l'alourdir un peu. Mets le trombone d'abord à l'arrière, puis à l'avant. Observes-tu une différence ?

•

Ton avion plane-t-il mieux si tu le lances fort ou si tu le lances doucement ?

37

Explorateur : Grégoire Kéroack

La pêche aux glaçons

comment a-t-il réussi à soulever ce glaçon?

il te faut :

- 👋 un verre
- 👋 de l'eau très froide
- 👋 un cube de glace
- 👋 du sel
- 👋 un bout de ficelle ou de laine d'au moins 10 cm de long

1 Dépose un cube de glace dans un verre d'eau très froide.

2 Étends une extrémité de la ficelle sur le dessus du cube.

3 Saupoudre un peu de sel sur le dessus du cube.

4 Attends environ cinq minutes, puis soulève la ficelle.

Que se passe-t-il?

Le sel a fait fondre un peu de glace. Puis, le sel s'est dilué dans l'eau et a perdu son efficacité. L'eau a alors gelé à nouveau en emprisonnant la ficelle.

Le sais-tu?

L'hiver, on répand différents types de sels sur la chaussée afin de faire fondre la neige et la glace. Cependant, ces sels ne sont plus efficaces à partir de –10 °C. On utilise alors du sable.

Chaque hiver, au Canada, on répand plus de 5 millions de tonnes de sels sur les routes.

Les sels répandus sur la chaussée nuisent à l'environnement, notamment aux plantes et aux poissons lorsqu'ils se retrouvent dans les cours d'eau. On tente donc de réduire l'utilisation de ces sels.

Explorateur : Anthony Provost

La main Dans le sac!

Regarde ta main. Vois-tu de l'eau s'évaporer de ta peau? Non? Pourtant, c'est le cas!

1 Recouvre une main avec le sac de plastique. L'intérieur du sac doit être bien sec.

2 Demande à quelqu'un d'attacher le sac à ton poignet avec l'élastique. Assure-toi que ce n'est pas trop serré.

3 Maintenant, vaque à tes activités normales, la main dans le sac. Que remarques-tu au bout de 10, 15 et 20 minutes? L'intérieur du sac est-il de plus en plus mouillé?

La sueur

Quand tu as chaud, ton corps fabrique de la sueur et tu perds davantage d'eau par la peau. La sueur est produite par les glandes sudoripares qui se trouvent dans ta peau. Elle sert à rafraîchir le corps.

En une heure, un athlète peut produire assez de sueur pour remplir un contenant de 1,5 litre !

que se passe-t-il?

L'eau dans le sac provient du corps. Celui-ci en contient beaucoup. Ainsi, le corps d'un enfant de 30 kilos renferme environ 20 litres d'eau.

Mais on perd de l'eau lorsqu'on va aux toilettes (il y a de l'eau dans l'urine et les selles) et aussi par les poumons (l'air que tu expires contient de l'eau) et la peau. L'eau qui sort par la peau s'évapore dans l'air sans qu'on s'en aperçoive. En une journée, un adulte perd près d'un litre d'eau par la peau.

Dans notre expérience, cette eau qui s'évapore par la peau se dépose ensuite sur le sac. Au bout d'un moment, il y en a tellement que cela forme des gouttelettes bien visibles.

Exploratrice : Marie-Lyne St-Onge

41

Fais ton Cinéma

Sors tes ciseaux,
ta colle et du carton,
et fais bouger
une image, comme
au cinéma !

1 Découpe le cercle à la page 45. Colle ensuite le cercle sur le carton foncé.

2 La colle est sèche? Découpe le contour du cercle ainsi que les encoches noires.

3 Pique la punaise dans le centre du cercle, du côté du dessin et fixe le tout sur la gomme à effacer du crayon.

4 Place-toi face à un miroir. Fais d'abord tourner le cercle en le tenant sous tes yeux. Vois-tu une image floue dans le miroir?

5 Place maintenant le cercle devant tes yeux, ferme un œil et, tout en faisant tourner le cercle, regarde dans le miroir à travers les fentes.

Le sais-tu?

L'objet que tu as fabriqué s'appelle un phénakistiscope. Il a été inventé en 1833. Jusqu'à l'avènement du cinéma, en 1895, le phénakistiscope était un jouet très populaire.

Que se passe-t-il?

Tu vois l'image dans le miroir seulement lorsque ton œil est vis-à-vis d'une fente. C'est très court! Comme le cercle tourne, à chaque fente, ton œil capte une image différente. C'est comme si on te montrait très rapidement une série de photos.

Chaque image ❶ s'imprime sur ta rétine, au fond de ton œil ❷. L'image n'a pas le temps de s'effacer, qu'une autre image arrive aussitôt. Cette succession rapide donne à ton cerveau l'impression du mouvement ❸.

43

La Balade Des raisins

Que font ces raisins? Ils jouent au sous-marin!

il te faut:

- un verre transparent
- de l'eau gazéifiée ou une boisson gazeuse claire
- des raisins secs
- du colorant alimentaire (facultatif)

1 Verse de l'eau gazéifiée ou de la boisson gazeuse dans le verre.

2 Ajoute deux ou trois gouttes de colorant alimentaire (facultatif).

3 Dépose dans le verre quelques raisins secs coupés en deux. Ils vont couler.

4 Observe les raisins. Au bout d'un moment, ils remontent jusqu'à la surface puis redescendent.

Que se passe-t-il?

L'eau gazéifiée et les boissons gazeuses renferment des bulles de gaz carbonique. Dans notre expérience, ces bulles s'accrochent aux raisins et agissent comme des flotteurs. Grâce à ces flotteurs, les raisins remontent à la surface. Une fois à la surface, les bulles de gaz crèvent et les raisins retombent au fond.

Explorateur: Kevin Voltaire

Annexes

Fais ton cinéma!
page 42

Colle le modèle
ci-dessus sur
un carton foncé.
Découpe le contour
du cercle ainsi
que chacune
des encoches.

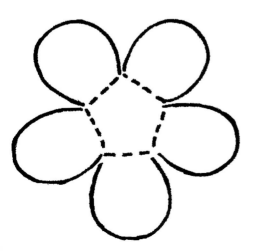

Fleur, ouvre-toi!
page 4

Utilise ce modèle
pour tracer des fleurs
sur différents types de
papiers (papier journal,
papier de construction,
papier glacé, etc.).

45

Super stroboscope
page 20

Colle d'abord le modèle sur un carton noir. Découpe ensuite le long du pointillé rouge.

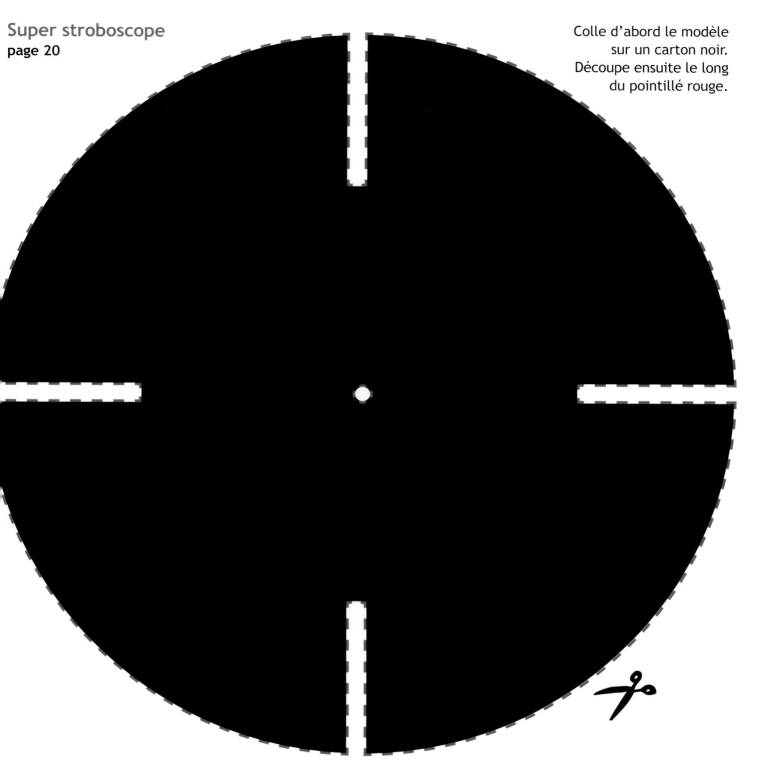

Fabrique un thermomètre !
page 28

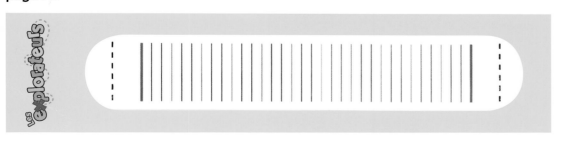